Gulsah Ustuner

O impacto da adoção obrigatória das IFRS no value relevance

Gulsah Ustuner

O impacto da adoção obrigatória das IFRS no value relevance

O caso da Turquia

ScienciaScripts

Imprint

Cover image: www.ingimage.com

This book is a translation from the original published under ISBN 978-3-330-33166-2.

Publisher:
Sciencia Scripts
is a trademark of
Dodo Books Indian Ocean Ltd. and OmniScriptum S.R.L publishing group

120 High Road, East Finchley, London, N2 9ED, United Kingdom
Str. Armeneasca 28/1, office 1, Chisinau MD-2012, Republic of Moldova, Europe
Printed at: see last page
ISBN: 978-620-8-30099-9

Gulsah Ustuner

Escola de Gestão de Amesterdão, Universidade de Amesterdão

Supervisor: Dr. Sanjay Bissessur

nd2 Supervisor: Dr. Sander Van Triest

Resumo

Em 2005, todas as empresas cotadas na UE são obrigadas a elaborar as suas demonstrações financeiras de acordo com as Normas Internacionais de Relato Financeiro (IFRS). A Turquia, na qualidade de país candidato à adesão à UE, também adoptou as IFRS para as empresas cotadas na Bolsa de Valores de Istambul (ISE) nessa data. O presente estudo analisa o efeito desta transição obrigatória para as IFRS na qualidade contabilística das demonstrações financeiras. Para examinar o efeito na qualidade contabilística, comparámos a relevância relativa e incremental do valor do resultado líquido e do valor contabilístico do capital próprio para os preços das acções das empresas cotadas entre o período pré-adoção e o período pós-adoção. Os testes de relevância do valor mostram empiricamente que o BVE e o NI são mais relevantes em termos de valor ao abrigo das IFRS do que ao abrigo dos GAAP turcos para as empresas turcas cotadas. Estes resultados podem ser explicados pelo facto de as IFRS se orientarem para o justo valor, ao passo que os GAAP turcos dão ênfase ao custo histórico. Globalmente, os resultados sugerem que as revisões das IFRS e as novas normas melhoram a relevância das medidas contabilísticas para as empresas turcas cotadas.

Palavras-chave: Normas Internacionais de Relato Financeiro (IFRS); qualidade contabilística; value relevance; Turquia.

Gulsah Ustuner

gulsahustuner@gmail.com

Supervisores: Sanjay Bissessur e Gaby Voight

Efectuado em : KPMG Accountants N.V., Países Baixos

Agradecimentos

Gostaria de agradecer a Sanjay Bissessur pela sua supervisão ao longo do trabalho e pelos seus comentários e sugestões. Gostaria também de agradecer a Gaby Voight da KPMG pela sua análise e comentários sobre a versão anterior deste documento.

Gostaria também de agradecer a Ramon Groen e a Gokmen Yildirim por me terem dado a oportunidade de efetuar a minha investigação na KPMG Amstelveen.

1 Introdução

Desde janeiro de 2005, a UE exige que todas as empresas cotadas na bolsa elaborem e publiquem as suas demonstrações financeiras de acordo com as Normas Internacionais de Relato Financeiro (IFRS). Isto representa um passo importante para a harmonização global da informação financeira, com os 27 Estados-Membros da UE a adoptarem um conjunto único de regras contabilísticas. O movimento no sentido da adoção das NIC como modelo de contabilidade financeira acelerou consideravelmente em todo o mundo nos últimos anos, em especial após a adoção pela UE.

Nas últimas décadas, o mundo tornou-se um espaço mais global, com a eliminação de fronteiras entre países e mercados financeiros graças à circulação internacional de bens e capitais. O aumento das actividades das empresas multinacionais, a cooperação económica e a unificação política entre países aumentam a necessidade de demonstrações financeiras transparentes, das quais se possa extrair e utilizar mais facilmente a informação necessária (Hunton et al., 2004), e de elevada qualidade, que reflictam melhor a economia subjacente à empresa. Esta necessidade de demonstrações financeiras de elevada qualidade levou à criação de normas comuns de relato que seriam aceites a nível mundial para ajudar os investidores internacionais a tomar decisões de investimento mais facilmente para entidades localizadas em diferentes partes do mundo. Para o efeito, o International Accounting Standards Board (IASB) publicou as International Financial Reporting Standards (IFRS), que seriam adoptadas a nível mundial e harmonizariam as normas contabilísticas.

Atualmente, muitos países em todo o mundo começaram a adotar estas normas ou estão a considerar a possibilidade de o fazer. É importante compreender os efeitos destas normas, uma vez que estão a tornar-se a única linguagem para a apresentação de relatórios financeiros. Os organismos de normalização, os investigadores e os profissionais salientam que a adoção obrigatória das IFRS terá um impacto significativo na qualidade da contabilidade.

Dado que a adoção obrigatória das IFRS é recente, o número de estudos empíricos que examinam o impacto das IFRS na qualidade da contabilidade é limitado. Além disso, os estudos existentes sobre a comparação entre as IFRS e as normas nacionais apresentam resultados díspares, centram-se principalmente no mercado bolsista alemão e incluem sobretudo adoptantes voluntários das IFRS.

A este respeito, examinarei o impacto da adoção obrigatória das IFRS na Turquia, analisando os efeitos da transição dos GAAP turcos para as IFRS sobre o fator determinante da qualidade contabilística, o value relevance.

Os estudos anteriores sobre o efeito da adoção das IFRS baseiam-se principalmente em dados relativos a países não anglo-saxónicos, abrangidos pelo code law, como a Alemanha e a Grécia (Paananen e Lin (2008), Hung e Subramanyam (2007), Tsalavoutas et al. (2008)). Embora a Turquia ainda possa ser classificada como um país de direito internacional, desde a década de 1960 que se tem verificado uma tendência para a elaboração de relatórios ao estilo anglo-saxónico (UN Publications: "International Accounting and Reporting Issues: 2007 Review"). A este respeito, a análise do efeito das IFRS neste contexto diferente contribuiria para a literatura existente.

Esta investigação pode ser útil para as instituições e reguladores internacionais, como o IASC, o IASB e a UE, na compreensão do impacto destas normas em diferentes contextos nacionais.

Além disso, prefiro realizar um estudo de caso de um único país, uma vez que esta abordagem me permite controlar os factores institucionais e políticos que afectam a informação empresarial e o comportamento de investimento dos participantes no mercado de acções num estudo comparativo internacional.

Nesta tese, testarei se a qualidade contabilística se alterou após a adoção obrigatória das IFRS pelas empresas turcas cotadas. Para o efeito, examinarei a relevância do valor do resultado líquido e do valor contabilístico dos resultados para os preços das acções, utilizando o modelo de regressão de Ohlson (1995). Com base na literatura anterior (Barth et al., 2008; Bartov et al., 2005), espero que o valor das demonstrações financeiras seja mais importante após a adoção das IFRS. Os resultados do teste forneceram provas empíricas de que o BVE e o NI são mais relevantes em termos de valor ao abrigo das IFRS do que ao abrigo dos GAAP turcos para as empresas turcas cotadas, o que também confirma as minhas expectativas.

Antes de analisar o efeito da adoção obrigatória das IFRS na qualidade contabilística das demonstrações financeiras das empresas turcas cotadas em bolsa em termos de value relevance, serão explicados nas secções seguintes os antecedentes das IFRS e do sistema contabilístico turco, respetivamente.

O resto do documento está organizado da seguinte forma: A secção 2 começa com uma descrição da relevância do valor na Turquia. A secção 3 aborda a literatura sobre o value relevance na Turquia. A Secção 4 fornece informações sobre a seleção da amostra e a metodologia. A secção 5 apresenta os resultados e a secção 6 conclui.

2 Informações gerais

2.1 Relevância do valor

Desde o artigo académico de Ball&Brown (1968), o principal objetivo da contabilidade parece ser a utilidade da informação. O número de resultados da demonstração financeira deve fornecer informações úteis para o processo de tomada de decisão dos investidores. Na sua investigação, Ball & Brown (1968) examinaram se o rendimento contabilístico é utilizado pelos investidores e se, por conseguinte, se reflecte nos preços das acções. Esta investigação empírica mostra que a informação contabilística é útil para os investidores, na medida em que estes utilizam esta informação inesperada e específica da empresa para ajustar a sua avaliação do preço das acções.

A informação é relevante se for suscetível de influenciar as decisões tomadas pelos utilizadores na sua qualidade de utilizadores. A informação financeira pode fazer a diferença quando tem valor preditivo, valor confirmativo ou ambos. A informação sobre um fenómeno económico tem valor preditivo se tiver valor para os fornecedores de capital como um contributo para fazer previsões sobre o futuro.

Value relevance é um termo que tem sido amplamente utilizado e discutido por académicos e profissionais desde que foi cunhado pela primeira vez. Tem havido muitas críticas à sua aceitação como único objetivo da profissão de contabilista. Alguns críticos centraram-se nos objectivos de responsabilização ou de gestão da profissão e não na utilidade da informação (Ravenscroft & Williams, 2009). Além disso, o foco nos investidores do mercado de capitais como principais utilizadores dos resultados contabilísticos tem sido criticado, enquanto outros utilizadores das demonstrações financeiras, como empresários, empregados e governos, são ignorados.

Apesar das críticas acima mencionadas, nos últimos anos os responsáveis pela elaboração das normas contabilísticas têm dado grande importância aos utilizadores das demonstrações financeiras (Young, 2006). O principal objetivo da contabilidade é reconhecido como sendo o de fornecer informações úteis aos investidores na tomada das suas decisões económicas. Naturalmente, o desenvolvimento e a globalização dos mercados financeiros influenciam esta aceitação geral. A este respeito, o value relevance é um aspeto essencial da qualidade contabilística das demonstrações financeiras.

No presente documento de reflexão, tentei examinar o efeito das IFRS na qualidade contabilística, centrando-me no aspeto do value relevance das demonstrações financeiras. Dado que o principal objetivo das IFRS é melhorar a qualidade contabilística, é importante determinar se este objetivo está a ser alcançado através destas normas.

2.2 IASB e IFRS

Nas últimas décadas, os mercados de capitais dos países nacionais globalizaram-se com os movimentos internacionais de comércio e de capitais. O interesse dos investidores internacionais criou uma necessidade de unificação das normas contabilísticas a nível mundial. A necessidade de harmonização no sentido de um conjunto único de normas de informação financeira de elevada qualidade foi reforçada pelas crises que ocorreram em diferentes partes do mundo nas últimas décadas. Na década de 90, a crise asiática aumentou a pressão sobre os profissionais da contabilidade, nomeadamente as autoridades de regulamentação, no sentido de desenvolverem normas que melhorassem a relevância, a fiabilidade, a comparabilidade e a transparência das informações contidas nos mapas financeiros. O sector contabilístico internacional reagiu a estes acontecimentos criando, em 1973, o International Accounting Standards Committee (IASC). Este comité foi autorizado a definir e implementar as Normas Internacionais de Contabilidade (NIC), que deveriam melhorar a relevância, a fiabilidade e a transparência da informação contida nas demonstrações financeiras (Alfredson et al., 2007).

Desde 2001, o IASC foi substituído pelo Conselho das Normas Internacionais de Contabilidade (IASB), que publica as Normas Internacionais de Relato Financeiro (IFRS), revendo as IAS e mudando-lhes a designação.

O IASB é o órgão independente de normalização da Fundação IASC. Os seus membros são responsáveis pelo desenvolvimento e publicação das IFRS, incluindo a IFRS para PMEs, e pela aprovação das interpretações IFRS desenvolvidas pelo Comité de Interpretações IFRS (anteriormente conhecido como IFRIC). Todas as reuniões do IASB são públicas e transmitidas pela Internet. No desempenho das suas funções de definição de normas, o IASB segue um processo abrangente, aberto e transparente, do qual a publicação de documentos consultivos, tais como documentos de discussão e projectos de exposição, para comentário público é uma componente importante. O IASB trabalha em estreita colaboração com as partes interessadas em todo o mundo, incluindo investidores, analistas, reguladores, líderes empresariais, normalizadores contabilísticos e profissionais de contabilidade (IASB, 2010. http://www.ifrs.org/ The+organisation/IASCF+ and+IASB.htm).

O principal objetivo da organização é "desenvolver um conjunto único de Normas Internacionais de Relato Financeiro (IFRS) de elevada qualidade que sejam compreensíveis, aplicáveis e aceites em todo o mundo". Para além deste objetivo principal, o IASB esforça-se por promover a utilização e a aplicação rigorosa destas normas em todo o mundo.

Quais são as caraterísticas destas normas que garantem uma melhor qualidade contabilística das demonstrações financeiras? Estas normas baseiam-se em princípios, e os princípios gerais para a elaboração de demonstrações financeiras são explicados na estrutura, que estabelece os conceitos subjacentes à elaboração e apresentação de demonstrações financeiras para utilizadores externos. O objetivo destas normas é fornecer informação relevante e fiável sobre a posição financeira e o desempenho de uma entidade numa base atempada e consistente aos investidores e outros utilizadores das demonstrações financeiras. Os principais utilizadores das demonstrações financeiras são os investidores mundiais e o IASB considera que o principal objetivo das demonstrações financeiras é a utilidade da informação para esses investidores. A este respeito, é essencial examinar o efeito destas normas sobre a relevância do valor (utilidade da informação).

A principal caraterística destas normas de elevada qualidade é a ênfase na continuidade e no regime contabilístico do acréscimo. Ao preparar as demonstrações financeiras, é exigido à gerência que faça uma avaliação da capacidade da entidade para continuar em continuidade de acordo com a IAS 1 Preparação de Demonstrações Financeiras. Além disso, quando é usado o regime contabilístico do acréscimo, uma entidade reconhece itens como activos, passivos, capital próprio, rendimentos e gastos (os itens das demonstrações financeiras) quando satisfazem as definições e os critérios de reconhecimento desses itens na estrutura concetual, em vez do regime contabilístico de caixa, que é muito comum nas normas contabilísticas nacionais. As IFRS exigem que as demonstrações financeiras tenham caraterísticas qualitativas fundamentais que tornem a informação financeira útil e de elevada qualidade. Estas caraterísticas qualitativas fundamentais são: relevância, apresentação justa, fiabilidade, compreensibilidade, materialidade, substância sobre a forma, neutralidade, prudência, exaustividade e comparabilidade.

A adoção das IFRS em todo o mundo foi significativamente acelerada pela exigência da UE de que todas as empresas cotadas em 27 países membros preparassem as suas demonstrações financeiras de acordo com as IFRS no início de 2005. Esta adoção é um dos acontecimentos mais significativos na história da informação financeira, tornando as NIC o modelo de contabilidade financeira mais amplamente aceite no mundo (Hung&Subramanyam, 2007). Atualmente, mais de 100 países exigem ou permitem a utilização das IFRS ou estão a convergir para as normas do IASB. Em 2006, o IASB e o US Financial Accounting Standards Board (FASB) assinaram um Memorando de Entendimento (MoU) que define um programa para melhorar as normas contabilísticas e assegurar uma convergência substancial entre as IFRS e os princípios contabilísticos geralmente aceites (GAAP) dos EUA. O Memorando de Entendimento foi atualizado em 2008 e, em novembro de 2009, os dois Conselhos emitiram uma nova declaração que define as medidas a tomar para concluir o seu trabalho de convergência até 2011 (IASB, 5 de novembro de 2009. http://www.ifrs.org/News/Press+Releases/IASB+and+FASB+Reaffirmment+C o mmitment+to+Memorandum+of+Understanding.htm website).

Tendo em conta esta adoção e convergência maciças a nível mundial, pode concluir-se que o IASB atingiu o seu objetivo de promover a utilização e a aplicação das normas. No entanto, a análise do desempenho do IASB em relação ao objetivo principal de melhorar a qualidade contabilística é uma questão mais controversa. Não é claro que a qualidade uniforme da informação financeira exija regras contabilísticas uniformes (Ball, 2006). Além disso, embora as normas contabilísticas sejam um dos principais factores determinantes da qualidade contabilística, não são o único. A qualidade contabilística é também influenciada pelos incentivos resultantes de outros factores contingentes, tais como o sistema fiscal, a estrutura de capital, a propriedade, o sistema político, a evolução do mercado de capitais, etc. Estes factores contingentes têm um impacto na qualidade contabilística.

Uma vez que o efeito das IFRS na qualidade contabilística não é fácil de deduzir, é essencial examinar esse efeito em maior profundidade. Nesta tese, tentei esclarecer o efeito das IFRS no contexto do país turco.

Nesta secção, resumi brevemente a história e os objectivos do IASB, bem como as caraterísticas e o desenvolvimento das IFRS. Na secção seguinte, explicarei os aspectos específicos do sistema contabilístico turco e o desenvolvimento das IFRS na Turquia.

2.3 Sistema contabilístico turco

A Turquia, que é um dos países candidatos à adesão à UE, exige, desde 1 de janeiro de 2005, que os bancos e as empresas cotadas na Bolsa de Valores de Istambul elaborem as suas demonstrações financeiras de acordo com os princípios estabelecidos nas IFRS. Esta adoção é apoiada pelo processo de negociação com a UE. É também motivada pela necessidade de preparar informações financeiras fiáveis e de elevada qualidade para os investidores e clientes internacionais em todo o mundo. Na perspetiva de um país em desenvolvimento e de um mercado emergente, a Turquia, que necessita de capital e investimento estrangeiros para financiar o seu crescimento económico, a necessidade de informação financeira de elevada qualidade é de importância vital (Alp&Ustundag, 2009).

Na Turquia, o governo sempre exerceu controlo sobre o desenvolvimento das normas contabilísticas. As normas foram também influenciadas por leis transferidas de países ocidentais, que tiveram efeitos económicos e políticos intensos na legislação do país. O primeiro código comercial de 1850 era uma tradução da legislação francesa e, após a criação da República Turca em 1923, foi promulgada uma segunda lei comercial baseada na legislação alemã em 1926.

Nos primeiros anos da república, praticamente todas as operações industriais e de produção eram geridas pelo governo através de empresas estatais, conhecidas como "empresas económicas estatais" (EES), devido à ausência de capital privado. Durante este período, a contabilidade destas EES era efectuada de acordo com as regras contabilísticas alemãs. Dada a influência das regras contabilísticas alemãs no sistema contabilístico turco no início da República, pode concluir-se que os GAAP turcos são fortemente influenciados pelo sistema de direito codificado.

Ao longo dos anos, o Governo turco tem procurado normalizar a sua intervenção na economia e melhorar o sector privado. A partir da década de 1950, começou a prevalecer na Turquia uma economia mais liberal. O atual Código Comercial, que data de 1956, foi introduzido no âmbito desta evolução.

O sistema contabilístico turco foi, em geral, moldado e estruturado pelas regras e regulamentos do Código Comercial turco. Nos termos deste código, os princípios de contabilidade, manutenção de registos, documentação e apresentação de relatórios baseiam-se em objectivos fiscais. Todas as práticas contabilísticas, até aos regulamentos do Conselho do Mercado de Capitais (CMB), foram implementadas para determinar a base fiscal no âmbito da legislação fiscal (Kucuksozen, 1995).

Desde a década de 1960, a Turquia tem sido fortemente influenciada pelo sistema americano. Pessoas bem sucedidas que tinham recebido formação e obtido diplomas de ensino superior em países estrangeiros, nomeadamente nos Estados Unidos, em vários domínios, regressaram à Turquia e o sistema contabilístico foi fortemente influenciado pelo sistema americano ou anglo-saxónico (Mugan & Akman, 2005). O sistema contabilístico uniforme desenvolvido para as "empresas económicas estatais" pelo "Committee for the Re-regulation of State Economic Enterprises" teve também um efeito articulador desta influência (Alp & Ustundag, 2009).

O mercado de capitais da Turquia desenvolveu-se após o período de reconstrução, no início da década de 1980, com a ajuda de decisões económicas impostas pelo Fundo Monetário Internacional (FMI). A Lei do Mercado de Capitais foi promulgada em 1981, seguida da criação do Conselho do Mercado de Capitais. A lei sobre a Bolsa de Valores de Istambul (ISE) foi promulgada em 1984 e, posteriormente, o aumento do investimento estrangeiro incentivou o desenvolvimento de normas contabilísticas. Desde então, a CMB e a ISE têm sido as principais instituições do mercado de capitais turco. As práticas contabilísticas destinadas a informar o público foram colocadas na ordem do dia na Turquia com os regulamentos da CMB (Alp&Ustundag, 2009). Estes desenvolvimentos nos mercados de capitais e a criação da bolsa de valores conduziram a um aumento do investimento estrangeiro. O investimento estrangeiro sob a forma de joint ventures ou aquisições levou a uma procura de práticas contabilísticas e de auditoria mais avançadas, resultando na formação das "Oito Grandes" empresas de contabilidade na Turquia (Mugan & Akman, 2005). As primeiras normas de contabilidade geralmente aceites na Turquia foram preparadas pelo CMB em 1989 com o Comunicado CMB Série: XI N.º 1.

Na sequência da criação de instituições do mercado de capitais, iniciou-se na Turquia um movimento no sentido da adoção de normas contabilísticas internacionais. Os princípios e políticas contabilísticas estabelecidos no Comunicado de 1992 (Ministério das Finanças) e nos Regulamentos da CMB seguem essencialmente os princípios e políticas contabilísticas internacionalmente aceites. Incluem pressupostos subjacentes como a preocupação, a consistência, o período, a unidade de medida e princípios básicos como o custo, a consistência, a prudência, a objetividade, a materialidade, a substância sobre a forma e a divulgação completa (Alp&Ustundag, 2009). Todas as empresas cotadas em bolsa devem aplicar as regras do CMB e, se tiverem uma afiliação internacional, preparam geralmente as suas demonstrações financeiras em conformidade com as NIC (Mugan e Akman, 2005). A Agência de Regulação e Supervisão Bancária (BRSA), criada em 2000 após a crise bancária na Turquia, é outro organismo regulador que estabelece normas contabilísticas para os bancos e as instituições financeiras. As normas emitidas pela BRSA em 2002 eram compatíveis com as IAS e as IFRS.

Uma vez que existia um grande número de diferentes reguladores das normas contabilísticas, era necessário harmonizar a informação financeira no país. O Turkish Accounting Standards Board (TASB) foi criado em 1999 para promover a harmonização da contabilidade e a conformidade com as normas internacionais. A BRSA decidiu que os bancos e as instituições financeiras utilizariam as normas contabilísticas emitidas pelo TASB. Além disso, o CMB especifica que as empresas podem utilizar as normas contabilísticas emitidas pelo TASB que sejam compatíveis com as IFRS adoptadas pela União Europeia.

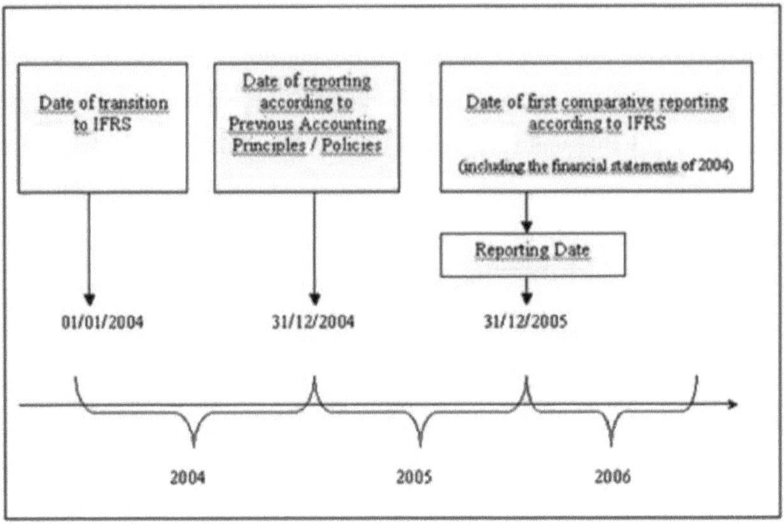

Figura 1 : Agca ; A, Akta§ ; R. , First Time Application of IFRS and Its Impact on Financial Ratios : A Study on Turkish Listed Firms, p.106

Ao estabelecer normas de relato financeiro que são totalmente conformes com as Normas Internacionais de Relato Financeiro (IFRS), o TASB seguiu o princípio do procedimento de tradução oficial definido pela International Accounting Standards Committee Foundation (IASCF) (Alp&Ustundag, 2009).

Atualmente, o TASB tornou-se a única organização a emitir normas contabilísticas totalmente compatíveis com as NIC e as IFRS. Além disso, o projeto de lei comercial turca exige que não apenas as empresas públicas, mas todas as empresas, elaborem as suas demonstrações financeiras em conformidade com as normas contabilísticas turcas compatíveis com as normas internacionais de relato financeiro (IFRS). As principais diferenças entre as IFRS e os GAAP turcos antes da sua adoção são apresentadas no quadro 1 infra.

1) In two key areas the absence of Turkish rules leads to important differences from IAS

□ Parent enterprises are not required to consolidate, proportionally consolidate or equity account any investments; however there are rules established as regards consolidation procedures and accounting principles applicable to consolidated financial statements published on a voluntary basis. IAS 22;IAS 27; IAS 28;IAS 31

□ There are no requirements relating to financial reporting in hyperinflationary economies such as under IAS, although Turkey has been such an economy for a number of years. IAS 29

2. Turkish practice differs from that required under IAS because of the

absence of specific Turkish rules in the following areas:

□ Impairment of assets. IAS 36

□ The derecognition of financial assets. IAS 39.35

□ The treatment of lease incentives. SIC 15.5

□ Discounting of provisions. IAS 37.45

□ Provision for employee benefits other than lump-sum termination indemnities. IAS 19

□ Accounting for an issuer's financial instruments and own (treasury) shares. IAS 32.18/23; SIC 16

□ Hedge accounting for derivatives. IAS 39.142

3. There are no specific rules requiring disclosures of:

□ A primary statement of changes in equity. IAS 1.7

□ The FIFO or current cost of inventory when LIFO is used. IAS 2.36

□ The fair values of financial assets and liabilities except for marketable securities. IAS 32.77

□ Transactions with related parties other than shareholders, IAS 12

□ Subsidiaries and other equity participations. IAS 24

□ Discontinuing operations. (IAS 35)

□ Segment reporting. (IAS 14)

4. There are inconsistencies between Turkish and IAS rules that could lead to differences for many enterprises in certain areas.

□ Available-for-sale and derivative financial assets are not recognized at fair value. IAS 39.69

□ Trading and derivative liabilities are not recognized at fair value. IAS 39.93

□ Foreign exchange losses can be capitalized as part of the costs of assets under some circumstances. IAS 21.15

□ Finance leases are not capitalized. IAS 17.12

□ Pension obligations are not discounted. IAS 19.78

□ Deferred tax liabilities are accounted for partially on the basis of timing differences; deferred tax assets are not allowed. IAS 8.6/12
□ Extraordinary items are defined more widely.
□ A different classification of items in a cash flow statement is used. IAS 7.10
□ In the calculation of earnings per share, the denominator is not adjusted for bonus shares. IAS 33.20
5. In certain enterprises, some other issues could lead to differences from IAS:
□ Pre-operating, set-up and research costs can be capitalized. IAS 38.42/56
□ Non-consolidation purchased goodwill must be amortized over a period of five years. IAS 22.42
□ Lease payments are generally recognized in line with the legal arrangements, which may not be on a straight-line basis. IAS 17.25
□ Inventories can be held at above net realizable value in some circumstances; and inventories can be valued at the lower of cost and replacement cost. IAS 2.6
□ Construction contracts are accounted for on a completed contract basis. IAS 11.22

Quadro 1: Principais diferenças entre os GAAP turcos e as IFRS

Nota: O quadro supra tem em conta a versão de 2001 das IAS/IFRS. As diferenças acima indicadas referem-se às regras de relato financeiro em vigor antes da adoção das IFRS na Turquia.

Fonte: GAAP 2001: GAAP 2001, A Survey of National Accounting Rules Benchmarked against International Account Standards", 2001, **http://www.iasplus.com/resource/gaap2001.pdf**

2.4 Classificação das práticas contabilísticas turcas

Antes de analisar em profundidade os estudos anteriores, gostaria de falar sobre a classificação da Turquia em termos do seu sistema contabilístico e da sua estrutura institucional. Existem muitos factores que têm uma influência significativa no desenvolvimento da contabilidade, para além das normas contabilísticas utilizadas, e estes factores têm uma influência significativa nos processos de definição e aplicação das normas. Sistema jurídico, fontes de financiamento, tributação, relações políticas e económicas, inflação, nível de desenvolvimento económico,

A educação e a cultura são os mais importantes destes factores. Estes factores influentes devem ser considerados quando se examina o impacto das normas contabilísticas na qualidade da contabilidade. Por conseguinte, é essencial compreender a posição do sistema contabilístico turco no âmbito destas classificações de factores.

Uma das principais razões para harmonizar as normas internacionais de contabilidade e desenvolver as IFRS é eliminar as diferenças entre as práticas contabilísticas nacionais e estabelecer uma harmonização em todo o mundo. Existem muitas razões para estas diferenças entre as práticas contabilísticas dos países. De acordo com Roberts et al (1988), os factores que causam diferenças nas práticas contabilísticas são o sistema fiscal, o fator cultural, o fornecedor de capital, a origem legal e outros factores. (Roberts et al. 1988). No que diz respeito ao sistema fiscal, os países dividem-se em dois grupos de acordo com a relação entre os sistemas fiscais e o direito contabilístico. Em países como os Estados Unidos, o Reino Unido e os Países Baixos, não existe qualquer interação entre o direito fiscal e o direito contabilístico. A tónica é colocada na forma de cumprir a função de informação. Nestes países, as questões fiscais não são tidas em conta. Em contrapartida, em países como a França e a Alemanha, os sistemas fiscal e contabilístico são colocados em pé de igualdade. Neste sistema, o lucro do balanço é também a base de cálculo do imposto sobre o rendimento. A contabilidade fiscal convencional é, desde há muitos anos, a fonte das normas contabilísticas geralmente aceites na Turquia. A contabilidade legal tem sido efectuada de acordo com os princípios estabelecidos na legislação fiscal. (Ustunel, B., 2006). Por conseguinte, a Turquia pertence ao último grupo de países que têm uma ligação clara entre as leis contabilísticas e fiscais. Em termos de origem legal, Seidler (1967) afirmou que a semelhança fundamental dos resultados da abordagem legalista à determinação dos princípios contabilísticos em países de direito civil, como a Turquia e a Itália, pode ser contrastada com os padrões encontrados em países de direito consuetudinário, como a Inglaterra e os Estados Unidos. Nos países de common law, a contabilidade não depende da lei e é o sector privado que determina a contabilidade e não a lei. A tarefa do sistema jurídico consiste em dar uma resposta a um caso específico e não em formular regras gerais para o futuro (Choi et al., 2002). A abordagem legalista é encontrada em países que usam o que é conhecido como código (ou lei codificada). Ao contrário do direito consuetudinário, o sistema de direito codificado deve desenvolver regras pormenorizadas para a contabilidade e a informação financeira (Nobes, C., 1994). Isto significa que "as regras contabilísticas são incorporadas na legislação nacional e tendem a ser altamente prescritivas e processuais" (Choi et al., 2002).

De acordo com a classificação das práticas contabilísticas de Nobes (1998), os países dividem-se em dois sistemas: o modelo anglo-americano e o modelo europeu continental. Nos países anglo-americanos, as práticas contabilísticas caracterizam-se por uma maior divulgação da informação e por um enfraquecimento do princípio da prudência a favor da contabilidade de exercício. A influência dos mercados financeiros é maior neste grupo. Muitos membros da Commonwealth britânica, os Estados Unidos, o Reino Unido, a Austrália, a Nova Zelândia, o Canadá, os Países Baixos, o México, o Paquistão e o Quénia pertencem a este modelo. Por outro lado, países como a Alemanha, a França, a Espanha, a Itália, o Japão, a Turquia, a Suíça e o Egito pertencem ao modelo europeu continental. Ao contrário do modelo anglo-americano, os países deste grupo dependem dos bancos como fornecedores de capital e, por conseguinte, têm uma relação estreita com eles (Mueller et al., 1991). No modelo europeu continental, a função das demonstrações financeiras não é primordialmente fornecer informações (aos fornecedores de capital), mas satisfazer os requisitos impostos pelas autoridades públicas (Epstein et al., 2001). As práticas contabilísticas deste grupo podem ser descritas como legalistas e muito conservadoras. De acordo com este modelo, a segurança dos credores é mais importante e o princípio da prudência pode ser considerado como o princípio contabilístico dominante.

Em suma, as práticas contabilísticas na Turquia baseiam-se no modelo da Europa continental. Além disso, a Turquia é um país de direito codificado, cuja legislação contabilística está estreitamente relacionada com a legislação fiscal. Além disso, tal como acima referido, embora a Turquia ainda possa ser classificada como um país de direito codificado, desde a década de 1960 tem-se registado uma tendência para a elaboração de relatórios de estilo anglo-saxónico (Publicações das Nações Unidas: "International Accounting and Reporting Issues: 2007 Review").

Nesta secção, apresentei um breve resumo da relevância do valor e mencionei a história e o desenvolvimento das normas internacionais, a história, a classificação e o estado atual do sistema contabilístico turco. Na secção seguinte, descreverei estudos académicos que examinam o impacto das IFRS na qualidade da contabilidade.

3. Revisão da literatura

3.1 Literatura sobre a relevância do valor

Embora a adoção das IFRS tenha acelerado nos últimos anos e seja um tema de investigação muito recente, muitos trabalhos académicos examinaram o seu impacto no value relevance. Estes trabalhos de investigação abordam o assunto de diferentes ângulos, como a adoção voluntária ou obrigatória, os diferentes contextos nacionais ou a comparação internacional, a procura de um conjunto global de normas ou a relevância em termos de valor de normas específicas, etc. Os resultados da investigação nesta área são muito díspares: alguns concluíram que a adoção das IFRS é mais relevante do que as normas locais, enquanto outros concluíram o contrário ou que não houve qualquer alteração.

Hung e Subramanyam (2007) examinaram os efeitos nas demonstrações financeiras da adoção voluntária das Normas Internacionais de Contabilidade (NIC) entre 1998 e 2002, utilizando uma amostra de 80 empresas industriais alemãs. Verificaram que o valor contabilístico e o rendimento não são mais relevantes em termos de valor ao abrigo das NIC do que ao abrigo dos GAAP alemães (HGB) com base nos seus testes de relevância do valor relativo. Os testes de relevância do valor incremental mostraram que os ajustamentos das NIC à quantia escriturada do capital próprio são relevantes em termos de valor, mas os ajustamentos das NIC ao lucro líquido não o são. Em resumo, não encontraram provas consistentes de que a transição dos GAAP alemães para as NIC tenha melhorado a qualidade contabilística através da relevância do valor.

Enquanto Hung e Subramanyam (2007) estudaram o período de adoção voluntária, Lin e Paananen (2008) examinaram o período que se seguiu à adoção obrigatória (adoção pela UE em 2005) e perguntaram se a adoção obrigatória das IFRS pela UE tinha alterado as caraterísticas das empresas que relatam segundo as IFRS e de que forma isso tinha afetado a relevância do valor incremental dos ganhos (E) e do valor contabilístico do capital próprio (BVE). A investigação foi efectuada com base numa amostra de empresas alemãs sujeitas às IAS entre 2000 e 2002 (período IAS) e às IFRS entre 2003 e 2004 (período voluntário) e 2005 (período obrigatório), a fim de verificar se tinha havido alguma alteração na relevância relativa e diferencial do valor de E e do valor contabilístico do capital próprio ao longo destes três períodos. Verificaram que a relevância do valor de E e do valor contabilístico do capital próprio aumentou significativamente ao longo do tempo. O valor acrescentado do BVE e do E aumentou entre as IAS (2000-2002) e as IFRS, mas apenas o aumento do valor acrescentado do BVE foi estatisticamente significativo. Os autores relacionam esta conclusão com a maior dependência do mercado em relação ao valor contabilístico. Entre as IFRS voluntárias (2003-2004) e as IFRS obrigatórias (2005), a importância do valor incremental do BVE diminui significativamente.

Para além da investigação sobre empresas alemãs, outros trabalhos académicos têm sido dedicados a outros contextos nacionais. Callao et al (2007) examinaram o efeito da adoção obrigatória das IFRS sobre a comparabilidade e a relevância da informação financeira em Espanha. Com base nos seus resultados, concluíram que não se verificou qualquer melhoria na relevância da informação financeira para os operadores da bolsa local na sequência da transição das normas contabilísticas espanholas para as IFRS.

Contrariamente às conclusões de Callao et al (2007), Iatridis e Rouvolis (2010) concluíram que a adoção das IFRS conduz a medidas contabilísticas que são mais relevantes para o valor das empresas gregas. Utilizaram uma amostra de 254 empresas cotadas na Bolsa de Valores de Atenas (ASE). Na sua investigação, são utilizados três métodos para medir a relevância do valor. O primeiro método consiste numa regressão do preço das acções em relação ao valor contabilístico por ação e aos resultados líquidos por ação. No segundo teste, utilizaram uma regressão dos resultados sobre os retornos do mercado bolsista e, no terceiro, testaram a relevância do valor examinando a associação entre o valor contabilístico e os resultados líquidos baseados nas IFRS e os retornos do mercado bolsista. Os seus resultados mostram também que a aplicação das IFRS introduziu volatilidade nas principais medidas da demonstração de resultados e do balanço das empresas gregas, o que pode estar relacionado com a apresentação do justo valor das IFRS.

Tal como Iatridis e Rouvolis (2010), Tsalavoutas et al (2008) também examinaram a relevância do valor dos fundamentos contabilísticos antes e depois da transição obrigatória para as IFRS na Grécia. No entanto, as suas conclusões são completamente diferentes das de Iatridis e Rouvolis (2010). Estes autores não encontraram alterações significativas no value relevance do E e do BVE entre os períodos pré-IFRS de 2004 e pós-IFRS de 2005. A sua amostra era constituída por 153 empresas cotadas na ASE. Enquanto Tsalavoutas et al (2008) apenas utilizaram dados relativos a 2004 e 2005, Iatridis e Rouvolis (2010) testaram dados relativos a 2006, para além de 2004 e 2005, e concluíram que a aplicação das IFRS proporciona medidas contabilísticas mais relevantes em termos de valor no segundo ano de adoção, em comparação com o ano de adoção formal. Iatridis e Rouvolis (2010) concluíram que, no segundo ano de adoção, a natureza e os requisitos das IFRS seriam mais claros, o processo de aplicação das IFRS seria mais familiar para os utilizadores e o impacto das IFRS nos valores contabilísticos de uma empresa seria apresentado de forma mais proeminente e visível.

Enquanto os estudos acima referidos comparam as demonstrações financeiras ao longo de diferentes períodos (pré e pós-adoção), Gjerde et al (2008) examinaram os resultados ao longo de um ano (2004), comparando as demonstrações financeiras elaboradas de acordo com os GAAP noruegueses (NGAAP) com as suas reformulações de acordo com as IFRS. Utilizaram uma amostra de 145 reexpressões de empresas cotadas na Bolsa de Valores de Oslo, na Noruega. A comparação incondicional dos dois regimes contabilísticos não revelou qualquer maior relevância do valor após a transição dos NGAAP para as IFRS. Com base nesta constatação, concluíram que os benefícios da adoção das IFRS para o mercado de capitais são menores quando os GAAP nacionais estão mais próximos das IFRS, o que é o caso da Noruega. Por outro lado, ao avaliarem a transição dos valores contabilísticos dos GAAP nacionais para as IFRS, concluem que os ajustamentos de reconciliação para as IFRS são apenas marginalmente significativos em termos de valor.

Para além dos Estados-Membros da UE, muitos países em todo o mundo adoptaram ou convergiram para as IFRS. Eccher e Healy (2000) examinaram a utilidade das IFRS para as empresas da República Popular da China (RPC). Utilizaram uma amostra de 83 empresas que dispunham tanto de dados contabilísticos da RPC como das NIC, bem como de rendibilidades de acções A e/ou B durante, pelo menos, um ano entre 1993 e 1997. Concluíram que a informação produzida utilizando as NIC não era mais útil do que a preparada utilizando as normas chinesas.

Para além de Eccher e Healy (2000), Lin e Chen (2005) examinaram o efeito das NIC no valor do mercado bolsista chinês. Investigaram também a relevância para o valor das reconciliações entre os GAAP chineses e as NIC. Utilizaram uma amostra de 415 observações empresa-ano entre os anos 1995 e 2000. As suas conclusões são semelhantes às de Eccher e Healy (2000), que sugerem que os valores contabilísticos baseados nas normas contabilísticas nacionais, por oposição às NIC, são mais relevantes em termos de valor no mercado bolsista chinês.

Para além desta investigação num único país, foram realizados alguns estudos que comparam exemplos de diferentes países para examinar os efeitos das IFRS no value relevance. Barth et al (2008) examinaram se a aplicação das NIC estava associada a uma melhor qualidade contabilística. A sua amostra incluiu 327 empresas que adoptaram as NIC entre 1994 e 2003 em 21 países. Verificaram que as empresas que aplicam as NIC demonstraram, em geral, uma maior relevância dos valores contabilísticos para o valor do que as empresas da amostra correspondente que aplicam as normas nacionais. As diferenças na qualidade contabilística entre os dois grupos de empresas no período anterior à adoção das NIC não explicam as diferenças após a adoção. As empresas que aplicam as NIC revelam, em geral, uma melhoria da qualidade contabilística entre os períodos anterior e posterior à adoção.

Para além de Barth et al (2008), Capkun et al (2008) investigaram os efeitos do value relevance em diferentes contextos nacionais e analisaram o impacto das alterações obrigatórias às normas de relato financeiro na União Europeia (UE). Concluíram que as divulgações parciais e totais dos resultados nos termos das IFRS são relevantes em termos de valor, ao passo que a relevância do valor contabilístico do capital próprio se limita aos relatórios GAAP locais.

Em resumo, a investigação sobre a relevância em termos de valor apresenta resultados mistos: alguns estudos concluíram que as IFRS aumentam a relevância em termos de valor das demonstrações financeiras (Barth et al., 2008; Capkun et al., 2008; Iatridis et al, 2010), enquanto outros não encontraram provas de que as IFRS tenham aumentado a relevância em termos de valor dos resultados contabilísticos (Hung e Subramanyam, 2007; Callao et al., 2007; Gjerde et al., 2008; Tsalavoutas et al., 2008; Eccher e Healy, 2000; Lin e Chen, 2005).

Soderstrom e Sun (2007) examinaram as possíveis razões para estes resultados díspares nos estudos sobre o value relevance. Salientam que estes estudos se centram estritamente na forma como a informação se reflecte nas expectativas dos investidores do mercado de acções. O facto de se centrarem no value relevance utilizando os preços das acções como referência pode subestimar os potenciais benefícios da alteração das normas contabilísticas. Sugerem que, para compreender plenamente as consequências económicas da harmonização através das IFRS, é necessário estudar o efeito da adoção nas diferentes partes contratantes.

Soderstrom e Sun (2007) sugeriram igualmente que os resultados díspares sobre a adoção das IFRS podem também estar relacionados com questões metodológicas. O principal problema dos estudos sobre a relevância do valor resulta do enviesamento da auto-seleção: enquanto alguns estudos examinam os adoptantes voluntários, outros examinam os adoptantes obrigatórios. Esta seria também uma limitação para o presente estudo, mas excluí os adoptantes voluntários e examinei apenas os adoptantes obrigatórios, pelo que deixou de ser um problema para a minha tese.

Além disso, existe o problema das variáveis omitidas nos estudos de value relevance. Os factores nacionais e específicos da empresa, como os mecanismos de fixação de preços e o ambiente de informação, podem afetar os resultados da investigação, pelo que a comparação das demonstrações financeiras entre duas normas contabilísticas para a mesma empresa é provavelmente um quadro mais adequado. Na minha análise de robustez, utilizei as mesmas empresas nos períodos pré e pós-adoção para controlar as variáveis específicas da empresa omitidas. Soderstrom e Sun (2007) salientaram que os modelos de regressão em alguns estudos que comparam diferentes regimes contabilísticos estão mal especificados, o que pode ser outra razão para resultados contraditórios.

Nesta secção, mencionei a literatura anterior sobre o efeito das IFRS nas demonstrações financeiras em termos de relevância para o valor. Na secção seguinte, abordarei a literatura relacionada com a contabilidade e a informação financeira na Turquia.

3.2 Literatura sobre o sistema contabilístico turco

A Turquia, que é um dos países candidatos à adesão à UE, exige que as empresas cotadas e as instituições financeiras elaborem as suas demonstrações financeiras utilizando as IFRS desde 2005. O processo e os efeitos desta transição são analisados por académicos de diferentes ângulos.

Erhan e Beker analisaram em profundidade o processo de adoção das IFRS na Turquia. No seu documento de trabalho, explicam sucintamente a situação atual do sistema contabilístico turco e examinam os efeitos do Turkish Accounting Standards Board (TASB) nas demonstrações financeiras em termos de classificação, conteúdo, medição, avaliação e divulgação pormenorizada nas demonstrações financeiras e respectivas notas de rodapé. O documento apresenta um breve resumo do processo e dos efeitos da transição para as IFRS.

Tal como Erhan e Beker, Alp e Ustundag (2009) examinaram o período de transição para as IFRS. O documento explora os desafios enfrentados pela Turquia durante este processo de adoção, tais como a estrutura complexa das normas internacionais, as potenciais lacunas de conhecimento e as dificuldades de aplicação e implementação, e examina a forma adequada e coerente de implementar normas baseadas em princípios. Analisa igualmente o desenvolvimento de normas para as pequenas e médias empresas (PME) a nível mundial e na Turquia.

Além disso, Turker e Yarbasi examinam a evolução histórica das normas contabilísticas utilizadas na informação financeira na Turquia, bem como a convergência e a conformidade das normas com as normas nacionais adoptadas durante o processo de globalização. O documento fornece uma análise aprofundada do processo de definição de normas e das práticas de relato na Turquia.

Yalkin et al (2008) também examinaram a evolução das normas de relato financeiro e lançaram luz sobre o estado atual da aplicação das IFRS na Turquia. O documento apresenta uma panorâmica do funcionamento do TASB e avalia a sua eficácia no processo de adoção das IFRS.

Para além destes trabalhos académicos que discutem o período de transição para as IFRS e os seus efeitos no relato financeiro, alguns trabalhos realizam investigação empírica para compreender o efeito das IFRS na contabilidade na Turquia. Agca e Aktas (2007) tentam responder à questão de saber se as diferenças resultantes da aplicação das IFRS adoptadas pelos primeiros adoptantes são ou não significativas em determinados rácios financeiros fundamentais. Recolheram dados financeiros de 2004 de empresas não financeiras cotadas na Bolsa de Valores de Istambul, uma vez que o objetivo dos investigadores era verificar se as empresas que adoptaram pela primeira vez as IFRS apresentavam diferenças significativas nos rácios financeiros mencionados. A comparação dos dados financeiros de 2004 é efectuada utilizando os dados financeiros elaborados em conformidade com as disposições dos comunicados do CMB emitidos antes do Comunicado (legislação anterior) e os dados financeiros elaborados em conformidade com o "Communiqué on Accounting Standards in Capital Markets" do Capital Markets Board, datado de 15/11/2003, com a série n.º 25 (nova legislação). De acordo com as suas conclusões, quando se considera a amostra global de todos os adoptantes pela primeira vez, apenas o rácio de tesouraria (CR) e o volume de negócios (AT) parecem ser os rácios financeiros significativos entre os 12 rácios dados que foram afectados pela transição. Quando o mesmo teste é reproduzido com base no sector industrial, apenas as indústrias com um número superior a 10 são tidas em conta na análise, ou seja, 4, neste caso, os autores verificaram que um maior número de rácios foi significativamente afetado, ao contrário da amostra geral.

Aksu e Kosedag (2006) investigaram se o nível de transparência e de divulgação de uma amostra de empresas da Bolsa de Valores de Istambul foi melhorado com a promulgação de um conjunto de princípios locais de governo das sociedades e a adoção voluntária das IFRS. O Conselho dos Mercados de Capitais (CMB) da Turquia promulgou os seus princípios de governo das sociedades, baseados no princípio "cumprir ou explicar" e em conformidade com as normas da OCDE, e exigiu a inclusão de um relatório de conformidade numa secção separada dos relatórios anuais das empresas públicas a partir dos relatórios anuais de 2004. Do mesmo modo, um número crescente de empresas cotadas começou a adotar as IFRS para efeitos de informação financeira a partir de 2002. Neste estudo, os autores exploraram o momento sequencial destes dois eventos no desenho empírico para examinar o impacto destes dois desenvolvimentos recentes na qualidade de T&D das empresas do ISE. Em primeiro lugar, verificaram que as pontuações de T&D melhoraram significativamente em 2004, indicando o efeito positivo dos novos princípios de governação empresarial promulgados pelo CMB da Turquia. Em segundo lugar, verificaram que as empresas que adoptaram voluntariamente as IFRS têm pontuações de T&D significativamente mais elevadas.

Kaytmaz Balsari et al (2010) investigaram o impacto da adoção das IFRS no conservadorismo dos resultados, utilizando o modelo de Basu (1997), como uma dimensão da qualidade da informação na Turquia. A sua amostra é constituída por todas as empresas cotadas no ISE durante o período 1992-2008. Os resultados mostram que a adoção das IFRS aumenta tanto a atualidade como o conservadorismo dos resultados (atualidade assimétrica) e que o impacto é mais forte para as empresas financeiras, as empresas menos alavancadas e as pequenas empresas.

Para além de Kaytmaz Balsari et al (2010), Atik (2009) realizou uma investigação empírica sobre o sistema de informação financeira turco. O artigo detecta o comportamento de alisamento de resultados das empresas turcas cotadas em bolsa através de alterações contabilísticas discricionárias (DAC). Atik (2009) utilizou uma amostra de empresas cotadas no ISE, excluindo instituições financeiras, entre 1998 e 2003. Os resultados da investigação mostraram que as possíveis motivações para as alterações contabilísticas discricionárias são o alisamento dos resultados, as caraterísticas económicas dos períodos em que são efectuadas as alterações contabilísticas discricionárias e o desejo das empresas turcas de terem resultados líquidos próximos de zero.

4. Conceção da investigação

Na secção anterior, discuti a literatura que examina a relevância das IFRS em termos de valor e o contexto turco; nesta secção, discutirei a minha metodologia de investigação.

4.1 Desenvolvimento de hipóteses

Neste estudo, tentei perceber se a adoção obrigatória das IFRS influenciou a qualidade contabilística na Turquia. Para tal, investiguei se a transição dos GAAP turcos para as IFRS afectou a relevância das demonstrações financeiras das empresas turcas cotadas na Bolsa de Valores de Istambul (ISE). A questão de investigação deste estudo é a seguinte:

Qual é o impacto da transição obrigatória para as IFRS na relevância do valor das demonstrações financeiras das empresas turcas cotadas?

Com base nos resultados de investigações anteriores (Barth et al., 2008; Bartov et al., 2005) e no pressuposto de que as empresas que aplicam as IFRS têm maior relevância em termos do valor do resultado líquido e do valor contabilístico do capital próprio do que as empresas que aplicam as normas nacionais, os meus pressupostos para esta investigação serão os seguintes

H1: *A relevância do valor contabilístico do capital próprio e do resultado líquido aumenta após a adoção das IFRS pelas empresas turcas.*

Como já referi, a Turquia é aceite como um país de código, mas está a evoluir para uma estrutura anglo-saxónica, orientada para o mercado de capitais. No que se refere a esta tendência anglo-saxónica, espero que as empresas turcas cotadas em bolsa sejam mais relevantes numa perspetiva de valor após a adoção das IFRS. Defendo que o valor contabilístico do capital próprio (BVE) e o rendimento líquido (NI) são mais relevantes em termos de valor ao abrigo das IFRS do que ao abrigo dos GAAP turcos.

4.2 Dados

A população é constituída por todas as empresas cotadas que foram transaccionadas no ISE entre 2003 e 2006. Prefiro um estudo num único país para evitar problemas de comparação entre empresas cotadas em diferentes ambientes institucionais. Sabe-se relativamente pouco sobre a Turquia e o contexto económico específico deste país, acima mencionado, significa que seria útil analisar o contexto turco. Recolhi dados da Datastream.

Removi as observações não-Turkish GAAP para a amostra pré-adoção e as observações não-IFRS para a amostra pós-adoção. Eliminei as empresas com dados em falta e com valor contabilístico negativo do capital próprio. As instituições financeiras, como os bancos, as companhias de seguros e os fundos de investimento, tinham as suas próprias regras contabilísticas específicas impostas pela BRSA, pelo que foram excluídas da amostra. Existe um problema de enviesamento de auto-seleção: as empresas que adoptam voluntariamente as normas podem ter a perceção de um benefício líquido da adoção e, por conseguinte, ter caraterísticas específicas que influenciam os resultados. Para ultrapassar este problema, excluo os adoptantes voluntários da amostra. O quadro 2 apresenta os procedimentos que utilizei para identificar a minha amostra final.

	Turkish GAAP (2003-2004) Firm Years	IFRS (2005-2006) Firm Years
Initial Sample	550	550
Non-Turkish GAAP/ Non-IFRS	0	295
Negative BE	19	13
Financial institutions	77	34
Voluntary adopters	118	113
Missing data	85	4
Final Sample (N)	251	91

Quadro 2: Seleção da amostra

O quadro 2 resume o meu processo de seleção da amostra. Mostra que a amostra consiste em 251 observações empresa-ano para o período GAAP turco e 91 observações empresa-ano para o período IFRS. O quadro 3 apresenta as estatísticas descritivas da minha amostra em termos de valor contabilístico do capital próprio, lucro líquido disponível para os acionistas comuns, total do ativo e total do passivo, respetivamente para o período anterior e posterior à adoção das IFRS. Isto mostra que o valor contabilístico médio do capital próprio ordinário (BVE) é mais elevado ao abrigo dos GAAP turcos (200 921,01 TL) do que ao abrigo das IFRS (185 837,58 TL), enquanto a mediana do BVE ao abrigo dos GAAP turcos (64 283 TL) é inferior à mediana ao abrigo das IFRS (70 072 TL). O desvio-padrão do valor acrescentado segundo os GAAP turcos (464 432,95 TL) é mais elevado do que segundo as IFRS (307 961,07 TL).

	N	Mean	Median	Std Deviation
BVE				
Turkish GAAP	251	200.921,01	64.283,00	464.432,95
IFRS	91	185.837,58	70.072,00	307.961,07
NI				
Turkish GAAP	251	26.911,93	3.956,00	99.285,21
IFRS	91	23.981,77	4.164,00	51.118,92
TA				
Turkish GAAP	251	407.073,45	123.177,00	1.196.143,30
IFRS	91	377.499,37	135.872,00	748.617,21
TL				
Turkish GAAP	251	187.071,46	45.504,00	681.057,58
IFRS	91	189.154,52	62.446,00	473.327,22

Tabela 3: Estatísticas descritivas, N é o número de observações no ano da empresa; BVE é o valor contabilístico do capital próprio; NI é o resultado líquido disponível para os acionistas ordinários; TA é o total do ativo e TL é o total do passivo.

O Quadro 3 apresenta resultados semelhantes para outras variáveis, nomeadamente o resultado líquido disponível para os acionistas ordinários (NI), o total do ativo (TA) e o total do passivo (TL). Em geral, o desvio-padrão para todas as variáveis é mais elevado segundo os GAAP turcos do que segundo as IFRS. Este facto pode dever-se à estrutura desequilibrada da amostra. O número de observações empresa-ano para o período GAAP turco é de 251, ao passo que para o período IFRS é de apenas 91.

Por último, o quadro 3 mostra que, embora a média das NI segundo os GAAP turcos (26 911,93 TL) seja superior à das IFRS (23 981,77 TL), a mediana das NI segundo os GAAP turcos (3 956 TL) é inferior à das IFRS (4 164 TL).

4.3 Modelo de pesquisa

Esta secção descreve os modelos e os testes utilizados para examinar a hipótese de investigação descrita na secção 3.1. Nesta investigação, examinarei

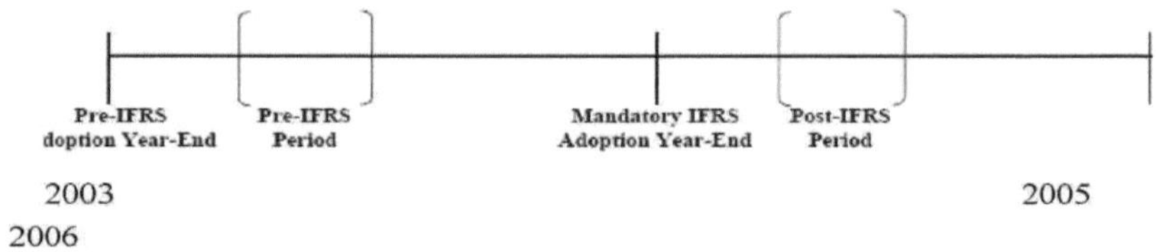

Figure 2: Definition of pre-adoption and post-adoption period

o value relevance da informação contabilística financeira das empresas turcas cotadas na Bolsa de Valores de Istambul durante o período de 2003-2006. O período será dividido de acordo com a data de aplicação obrigatória, o ano de 2005, o que significa que o período pré-adoção incluirá os anos de 2003 a 2004 e o período pós-adoção incluirá os anos de 2005 a 2006.

Na minha investigação, utilizei o modelo de regressão de preços de Ohlson (1995) para testar o value relevance. Este é o modelo mais frequentemente utilizado nos estudos de value relevance para compreender a associação entre os preços das acções e os dados contabilísticos. A regressão do modelo utiliza o preço das acções da empresa como variável dependente. Como resultado, as variáveis BVE e NI são escalonadas por ação.

Fosso = a0 + alBVEPSit + a2NIPSit+ sit (1)

Onde?

Pit = cotação da ação da empresa i três meses após o final do exercício t,

BVEPSit = valor contabilístico das acções ordinárias por ação da empresa i no final do exercício t,

NIPSit= rendimento líquido disponível para as acções ordinárias da empresa i para o período t-1 a t.

s it = qualquer outra informação relevante para o valor da empresa i no final do período financeiro em análise (t).

[2]Com o modelo 1, testei a relevância do valor relativo em que R indica a força da associação entre as respectivas variáveis contabilísticas e a cotação das acções. Comparei os resultados das regressões entre os dois períodos acima explicitados.

Examinei também o poder explicativo adicional que o rendimento líquido disponível para os acionistas ordinários e o valor contabilístico das acções têm para os preços das acções. Para tal, utilizei a abordagem discutida por Collins et al (1997) e decompus o poder explicativo total em três partes: (1) o poder explicativo conjunto do rendimento líquido disponível para os acionistas ordinários e do valor contabilístico, (2) o poder explicativo adicional do rendimento líquido disponível para os acionistas ordinários e (3) o poder explicativo adicional do valor contabilístico.

	Pre-adoption (2002-2004)	Post-adoption (2005-2007)
Book value of equity	R^2 NI+BVE - R^2 NI	R^2 NI+BVE - R^2 NI
Net Income	R^2 NI+BVE - R^2 BVE	R^2 NI+BVE - R^2 BVE

Quadro 4: Comparação de modelos para testar a relevância do valor incremental dos lucros e do valor contabilístico do capital próprio

$$Pit = \beta o + \beta 1NIPSit + \beta 2BVEPSit + \varepsilon it \quad (1)$$
$$Pit = \beta o + \beta 1NIPSit + \varepsilon it \quad (2)$$
$$Pit = \beta o + \beta 2BVEPSit + \varepsilon it \quad (3)$$

O poder explicativo relativo dos resultados é definido como modelo (1) - modelo (3), e o poder explicativo relativo do valor contabilístico do capital próprio é definido como modelo (1) - modelo (2). Estes testes são apresentados no Quadro 4.

5. Resultados empíricos

Na secção anterior, descrevi a conceção da minha investigação. Nesta secção, discutirei os resultados dos testes efectuados. Na minha questão de investigação, examinei o impacto da aplicação obrigatória das IFRS no value relevance das demonstrações financeiras das empresas turcas cotadas. Em linha com estudos anteriores (Barth et al., 2008), esperava que o value relevance fosse mais elevado para o BVE e para as NI após a transição para as IFRS na Turquia.

Para avaliar a evolução do value relevance entre os períodos de GAAP turco e IFRS, utilizei o modelo de Ohlson (1995). Neste modelo, o preço da ação da empresa é regredido linearmente no BVE e no NI, sendo ambas as variáveis escalonadas por ação.

Com base nos resultados da regressão, os significados e os coeficientes das variáveis são utilizados para avaliar as conclusões. O poder explicativo das variáveis é medido pelo R-quadrado ajustado do modelo.

5.1 Resultados da regressão

	N	Intercept	BVE	NI	Adjusted R^2
Turkish GAAP	251				
Coefficient		4,538701	0,033051	0,635826	0,076472
P-value		0,000000***	0,073938	0,020804**	
IFRS	91				
Coefficient		1,179617	1,271457	-3,042084	0,524531
P-value		0,304664	0,000***	0,000001***	

Table 5: Relevância do valor do BVE e do NI; **Significativo a 5%; ***Significativo a 1%. Definições das variáveis: N é o número de observações no ano da empresa; BVE é o valor contabilístico do capital próprio; NI é o resultado líquido disponível para os acionistas ordinários.

A Tabela 5 apresenta os resultados da equação (1). [2]Revela que o poder explicativo das variáveis para o período IFRS (R ajustado = 0,5245) é superior ao poder explicativo das variáveis registadas no período GAAP turco (R2 ajustado = 0,0765). Isto significa que as variáveis do período IFRS explicam

52,45% da variação do preço das acções da empresa, enquanto as variáveis do período GAAP turco explicam apenas 7,65% da variação do preço das acções. Esta constatação confirma a hipótese de que a relevância do valor contabilístico do capital próprio e do resultado líquido aumenta após a adoção das IFRS pelas empresas turcas. Com exceção do coeficiente do valor contabilístico do capital próprio para o período GAAP turco e do coeficiente de interceção para o período IFRS, todos os coeficientes são estatisticamente significativos. Além disso, o coeficiente negativo para o NI no período IFRS é outro ponto digno de nota entre os resultados da regressão. Este facto pode dever-se à perceção que os investidores têm de certas amortizações baseadas nas IFRS. Os investidores podem ainda acreditar que estes activos depreciados proporcionarão benefícios económicos no futuro.

Examinei também o poder explicativo adicional que o rendimento líquido disponível das acções ordinárias e o valor contabilístico das acções têm para os preços das acções. O Quadro 6 apresenta os resultados desta análise para os períodos GAAP turco e IFRS.

[2]PAINEL A : Comparação R

	BVE	Difference	NI	Difference
	R^2 E+BVE - R^2 NI		R^2 E+BVE - R^2 BVE	
Turkish GAAP (2002-2004)	0,076 – 0,068	0,008	0,076 – 0,060	0,016
	R^2 E+BVE - R^2 NI		R^2 E+BVE - R^2 BVE	
IFRS (2005-2007)	0,524 – 0,136	0,388	0,524 – 0,380	0,144

PANEL B: Evaluation of R^2 Comparison			
Incremental value relevance of BVE under IFRS	0,388	Incremental value relevance of NI under IFRS	0,144
Incremental value relevance of BVE under Turkish GAAP	0,008	Incremental value relevance of NI under Turkish GAAP	0,016
Net Increase	0,38	Net Increase	0,128

Table 6: Avaliação da relevância do valor incremental para o resultado líquido e o valor contabilístico dos capitais próprios

A relevância do valor incremental do BVE e do NI aumentou na sequência da aplicação obrigatória das IFRS. O poder explicativo adicional do BVE é de

0,008 para o período de GAAP turco e aumenta para 0,388 para o período de IFRS, um aumento total de 0,38. Isto é coerente com a orientação das IFRS para o justo valor, que dá uma visão verdadeira e justa dos activos e passivos no balanço de uma empresa.

O poder explicativo incremental do NI também aumentou ao longo do período de transição para as IFRS, sendo de 0,016 no período de GAAP turco e aumentando 0,128 pontos para 0,144 no período de IFRS. Interpreto este aumento da relevância do valor incremental do lucro líquido disponível para os acionistas ordinários entre o período GAAP turco e o período IFRS como um efeito de alterações relacionadas principalmente com o comportamento dos investidores, que confiam mais nos valores de desempenho IFRS.

5.2 Teste de robustez

Como já foi referido, a amostra não é equilibrada em termos de dimensão. Enquanto as observações do ano da empresa para o período GAAP turco são 251, são 91 para o período IFRS. Para resolver este problema, efectuo uma segunda regressão com amostras mais equilibradas para ambos os períodos.

Nesta análise, utilizei as mesmas empresas para os períodos pré e pós-adoção, a fim de controlar as variáveis específicas da empresa omitidas. Estas segundas regressões são, por conseguinte, testes de robustez relativamente à dimensão da amostra e às variáveis específicas da empresa.

Dezassete empresas têm dados para os quatro anos. Isto dá 34 observações do ano da empresa tanto para o período GAAP turco como para o período IFRS. Os resultados destas novas regressões são apresentados no Quadro 7.

	N	Intercept	BVE	NI	Adjusted R^2
Turkish GAAP	34				
Coefficient		0,972133	0,471493	4,637216	0,336611
P-value		0,585114	0,040304**	0,056432**	
IFRS	34				
Coefficient		-0,466785	0,995522	2,745072	0,663290
P-value		0,759788	0,000263***	0,060210	

Table 7: Relevância do valor do BVE e do NI para uma amostra balanceada; **Significativo a 5%; ***Significativo a 1%. Definições das variáveis: N é o número de observações no ano da empresa; BVE é o valor contabilístico do capital próprio; NI é o resultado líquido disponível para os acionistas ordinários.

[2]O Quadro 7 mostra que os poderes explicativos do BVE e do NI são consistentemente mais elevados para o período IFRS (R ajustado = 0,6633) do que para o período GAAP turco (R2 ajustado = 0,3366). Isto significa que as variáveis do modelo explicam 66,33% da variação dos preços das acções durante o período de vigência das IFRS, ao passo que explicam apenas 33,66% da variação durante o período de vigência dos GAAP turcos. Isto prova que a transição obrigatória dos GAAP turcos para as IFRS conduz a um aumento da relevância do valor do BVE e do NI, o que está de acordo com a nossa hipótese.

	N	Mean	Median	Std Deviation
BVE				
Turkish GAAP	34	68.236,50	36.406,50	78.819,24
IFRS	34	107.605,41	49.178,50	126.430,52
NI				
Turkish GAAP	34	7.480,18	1.988,00	17.042,00
IFRS	34	15.046,82	3.509,50	31.663,25
TA				
Turkish GAAP	34	172.369,59	82.980,50	249.037,30
IFRS	34	259.427,15	118.181,00	350.404,19
TL				
Turkish GAAP	34	87.541,12	39.485,00	137.534,24
IFRS	34	151.361,00	65.277,50	231.650,09

Quadro 8: Estatísticas descritivas para a amostra equilibrada, N é o número de observações no ano da empresa; BVE é o valor contabilístico do capital próprio; NI é o rendimento líquido disponível para os acionistas ordinários; TA é o total do ativo e TL é o total do passivo.

A Tabela 8 apresenta as estatísticas descritivas da amostra utilizada nos testes de robustez. Quando comparamos esta tabela com as estatísticas descritivas da amostra anterior (Tabela 3), verificamos uma diminuição significativa dos desvios-padrão das variáveis, o que é consistente com a ideia de que estamos a utilizar uma amostra mais equilibrada em termos de dimensão da amostra. Embora tenha utilizado as mesmas 17 empresas para todos os anos, o Quadro 8 mostra que a média e a mediana de todas as variáveis são duas vezes mais elevadas no período pós-adoção do que no ano pré-adoção. Verifico que as diferenças médias (medianas) entre BVE, NI, TA e TL são significativas a um nível superior a p = 5% com base em testes t (testes Wilcoxon).

Nesta secção, analisei os resultados dos testes que realizei e interpretei-os à luz da minha hipótese de investigação. Efectuei também testes de robustez para a dimensão da amostra e variáveis específicas da empresa. Os resultados dos testes de robustez são semelhantes aos dos testes principais e fornecem provas empíricas de que a transição obrigatória para as IFRS a partir dos GAAP turcos aumenta a relevância do valor do BVE e do NI para as empresas turcas cotadas. Este facto pode ser explicado pela orientação para o justo valor das IFRS em comparação com a base contabilística dos custos históricos dos GAAP turcos. Verificou-se também que o value relevance incremental é mais elevado para ambas as variáveis no período das IFRS do que no período dos GAAP turcos.

De um modo geral, os resultados dos Quadros 5 e 7 estão de acordo com as minhas expectativas e apoiam a hipótese de investigação. Apesar disso, não posso ter a certeza de que estes resultados se devem a mudanças no ambiente institucional.

Os resultados dos testes são consistentes com as conclusões do artigo de Iatridis e Rouvolis (2010), que concluíram que o BVE e as NI são mais relevantes no âmbito das IFRS para as empresas cotadas na Grécia.

Além disso, os resultados dos quadros 5 e 7 confirmam as conclusões do estudo académico de Barth et al (2008). Estes autores examinaram as alterações na qualidade contabilística das empresas em 21 países e concluíram que as empresas que aplicam as NIC revelam, em geral, uma maior relevância dos montantes contabilísticos para o valor do que as empresas da amostra correspondente que aplicam normas nacionais.

6. Conclusão

O recente aumento da globalização dos mercados de capitais levou à necessidade de demonstrações financeiras de elevada qualidade e à criação de normas comuns de relato que fossem aceites em todo o mundo para ajudar os investidores internacionais a tomar mais facilmente as suas decisões de investimento. O IASB desenvolveu as IFRS para responder a esta necessidade.

A adoção das IFRS pelas empresas cotadas nos Estados-Membros da UE a partir de 2005 constitui um passo importante para a harmonização global da informação financeira, com os 27 Estados-Membros da UE a adoptarem um conjunto único de regras contabilísticas. Desde 2005, a Turquia, um dos países candidatos à adesão à UE, também adoptou estas normas para as empresas cotadas.

Dado que a adoção obrigatória das IFRS é recente, o número de estudos empíricos que examinam o impacto das IFRS na qualidade da contabilidade é limitado. Além disso, os resultados dos estudos que analisam o efeito das IFRS na qualidade contabilística são díspares. Neste estudo, tentei compreender o efeito das IFRS na qualidade contabilística em termos do value relevance do BVE e do NI para as empresas cotadas turcas.

A minha questão de investigação visa determinar se a aplicação obrigatória das IFRS às empresas cotadas conduz a uma melhoria da qualidade contabilística do BVE e das NI em comparação com o período abrangido pelo GAAP turco na Turquia. Para responder a esta questão, utilizo o modelo de regressão de preços de Ohlson (1995), que mostra que o preço das acções de uma empresa é uma função linear do BVE e das NI. Comparo a relevância do valor relativo do BVE e do NI com base nos resultados destas regressões de preços entre o período abrangido pelos GAAP turcos (2003 e 2004) e o período abrangido pelas IFRS (2005 e 2006).

Examinei também o poder explicativo adicional do BVE e do NI, bem como as suas variações entre os dois períodos. Além disso, efectuei testes de robustez para controlar a dimensão da amostra e as variáveis omitidas específicas da empresa.

A minha amostra inicial é constituída por todas as empresas cotadas na Bolsa de Valores de Istambul (ISE) entre 2003 e 2006. Os dados foram recolhidos na Datastream. As observações que não cumprem as IFRS e/ou os GAAP turcos foram retiradas da minha amostra inicial. Removi as empresas com dados em falta, valor contabilístico negativo do capital próprio, instituições financeiras e adoptantes voluntários. Obtive uma amostra final de 251 observações empresa-ano para o período GAAP turco e 91 observações empresa-ano para o período IFRS. Para testar a robustez, utilizei uma amostra de 34 observações empresa-ano para ambos os períodos.

Os testes de relevância do valor fornecem provas empíricas de que o BVE e o NI são mais relevantes em termos de valor ao abrigo das IFRS do que ao abrigo dos GAAP turcos para as empresas turcas cotadas. Os resultados confirmam as minhas expectativas e, por conseguinte, a hipótese de investigação. Os resultados dos testes de robustez também são consistentes com os resultados iniciais e provam que a aplicação obrigatória das IFRS conduz a uma melhor qualidade contabilística em termos de um maior poder explicativo do VAB e das NI. Estes resultados podem ser explicados pelo facto de as IFRS darem ênfase ao justo valor, ao passo que os GAAP turcos dão ênfase ao custo histórico. Os resultados dos testes de relevância do valor incremental mostram que os poderes explicativos incrementais do BVE e das NI aumentaram após a aplicação obrigatória das IFRS. Globalmente, os resultados sugerem que as revisões das IFRS e as novas normas melhoram a relevância das medidas contabilísticas para as empresas turcas cotadas.

Os resultados deste estudo estão sujeitos a algumas limitações. Em primeiro lugar, não posso ter a certeza de que os resultados deste estudo se devem à transição para as IFRS e não a alterações nos incentivos das empresas ou a alterações no ambiente institucional (Barth et al., 2008). A investigação futura poderia utilizar variáveis de controlo para atenuar o impacto destes dois factores.

Em segundo lugar, em comparação com outros estudos empíricos, utilizei uma amostra de dimensão relativamente pequena. A investigação futura pode repetir este estudo quando estiverem disponíveis mais demonstrações financeiras de acordo com as IFRS. A melhor opção é sempre investigar com a maior dimensão de amostra possível. Uma extensão da investigação futura seria utilizar mais empresas turcas.

Em terceiro lugar, a minha amostra final não inclui quaisquer instituições financeiras. As instituições financeiras são excluídas porque têm as suas próprias regras contabilísticas específicas impostas pela BRSA. A investigação futura pode alargar este estudo incluindo instituições financeiras na sua amostra e avaliar se isso afecta os resultados da minha investigação.

Em quarto lugar, apenas incluí no meu estudo empresas que adoptaram as IFRS numa base obrigatória. Outros estudos poderiam examinar o efeito das IFRS na qualidade contabilística das empresas que as adoptaram voluntariamente.

Em quinto lugar, utilizei o modelo de regressão de preços de Ohlson (1995), que é o modelo mais frequentemente utilizado na literatura anterior. Futuros estudos poderão utilizar outros modelos, como o modelo de regressão dos retornos, e avaliar se os resultados são diferentes dos do meu estudo.

Por último, este estudo mede dois factores determinantes da qualidade contabilística. A investigação futura poderá examinar o impacto das IFRS noutros factores determinantes da qualidade contabilística, como a atualidade e o conservadorismo.

REFERÊNCIAS

Agca, A e Aktas, R. (2007). First Time Application of IFRS and Its Impact on Financial Ratios: A Study on Turkish Listed Firms. *Management Issues and Perspectives.*

Aksu, M. e Kosedag, A. (2006). The Relationship between Transparancy& Disclosure and Firm Performance in the ISE: Does IFRS Adoption Make a Difference? *Corporate Governance: An International Review*, 14(4), 277-296.

Alfredson, K., Leo, R., Picker, R., Pacter, P., Radford, J. e V. Wise (2007). Applying International Financial Reproting Standards: Enhanced Edition. Austrália: Wiley.

Alp,A. e Ustundag, S. (2009). Financial reporting transformation: the experience of Turkey. *Critical Perspectives on Accounting*, 20, 680-699.

Atik, A. (2009). Detecting income-smoothing behaviors of Turkish listed companies through empirical tests using discretionary accounting changes. *Critical Perspectives on Accounting*, 20, 591-613.

Ball, R. (2006). Normas Internacionais de Relato Financeiro (IFRS): vantagens e desvantagens para os investidores. *Accounting and Business Research*, 5-27.

Ball, R. e Brown, P. 1968. An Empirical Evaluation of Accounting Income Numbers. *Journal of Accounting Research*, 6(2), 159-178.

Barth, M.E., Landsman, W.R. e M.E. Lang (2008). International Accounting Standards and Accounting Quality (Normas Internacionais de Contabilidade e Qualidade Contabilística). *Journal of Accounting Research*, 46(3), 467-498.

Bartov, E., Goldberg, S.R. e Kim, M. (2005). Comparative Value Relevance AmongGerman, U.S., and International Accounting Standards: A German Stock Market Perspective. *Journal of Accounting, Auditing and Finance*, 20, 95-119.

Callao, S., J.I. Jarne e Lainez, J.A. (2007). Adoção das IFRS em Espanha: Impacto na comparabilidade e relevância da informação financeira. Journal of International Accounting. *Auditing and Taxation*, 16, 148-178.

Capkun, V., Cazavan Jeny, A., Jeanjean, T. e Weiss, L.A. (2008). Earnings

Management and Value Relevance during the Mandatory Transição dos GAAP locais para as IFRS na Europa (http://papers.ssrn.com/sol3/papers.cfm?abstract_id=1125716), 30 de junho.

Choi, F., Frost, C.A. e Meek, G.K. International Accounting, 4ª edição, Prentice Hall, New Jersey, 2002.

Collins, D.W., Maydew, E.L. e Weiss, I.S. (1997). Changes in the value-relevance of earnings and book values over the past forty years. *Journal of Accounting and Economics*, 24, 39-67.

Eccher, E. e Healy, P.M. (2000). The role of international accounting standards in transition economies: A study of the People's Republic of China. http://papers.ssrn.com/paper.taf?abstract_id=233598

Epstein, B. e A. Mirza, IAS, Interpretation and Application, Nova Iorque: John Wiley & Sons, 2001, 3

Erhan, D.U. and Beker, C., Adoption of IFRS in the Globalization Era and the Turkish Experience.

Gjerde, Q., Knivsfla, K. e Saettem, F. (2008). The value-relevance of adopting IFRS: Evidence from 145 NGAAP restatements. *Journal of International Accounting, Auditing and Taxation*, 17, 92-112.

Hung, M. e K.R. Subramanyam (2007). Financial Statement Effects of Adopting International Accounting Standards: the Case of Germany. *Review of Accounting Studies*, 12(4), 623-657.

Hunton, J.E., Libby, R. e Mazza, C.R. (2004). Financial Reporting Transparency and Earnings Management. http://ssrn.com/abstract=501547 ou doi:10.2139/ssrn.501547.

Iatridis, G. e Rouvolis, S. (2010). The post-adoption effects of the implementation of International Financial Reporting Standards in Greece. *Journal of International Accounting, Auditing and Taxation*, 19, 55-65.

Kaytmaz Balsari, C., Ozkan, S. e Durak, M.G. (2010). Earnings conservatism in the pre- and post-IFRS adoption periods in Turkey: Panel data evidence on the firm specific factors.

http://ssrn.com/abstract=1592119

Kucuksozen C. Sermaye Piyasasinda Yatrnmcilann Korunmasi. Ankara: tese de mestrado não publicada; 1995.

Lin, Z.J. e Chen, F. (2005). Value relevance of international accounting standards harmonization: Evidence from A- and B-share markets in China. *Journal of International Accounting, Auditing and Taxation*, 14, 79-103.

Mueller, G., Gernon, H.; Meek, G., Accounting - an International Perspective; 2ª edição. Homewood: Richard D. Irwin, Inc, 1991, 10

Mugan SC, Akman HN. Convergência para as normas internacionais de relato financeiro: o caso da Turquia; 2005.

Nobes, C. Accounting harmonisation in Europe: Process, progress and prospects, FT Business Information Ltd, Londres, 1994.

Ohlson, J.A. (1995). Earnings, Book Values, and Dividends in Equity Valuation. *Contemporary Accounting Research*, 11(2), 661-687.

Paanan, M. e Lin, H. (2008). The Development of Accounting Quality of IAS and IFRS Over Time: The Case of Germany. http://ssrn.com/abstract=1066604, 23 de dezembro.

Ravenscroft, S. e Williams, P.F. (2009). Making imaginary worlds real: The case of expensing employee stock options. *Accounting, Organizations and Society*, 34, 770-786.

Roberts, C., P Weetman, P. (1988). Gordon International Financial Accounting - a comparative approach. Financial Times Pitman Publishing, Londres, 34.

Seidler, L.J. (1967). "International Accounting- The Ultimate Theory Course". *The Accounting Review*, 42(4), 775-781.

Soderstrom, N.S., Sun, K.J. (2007). IFRS Adoption and Accounting Quality: A Review. *European Accounting Review*, 16(4), 675-702.

Tsalavoutas, I., Andre, P. e L. Evans (2008). Transition to IFRS and value relevance in a small but developed market: A look at Greek evidence. http://papers.ssrn.com/sol3/papers.cfm? abstract_id=1286474, 23 de dezembro.

Turker, M. e Yarbasi, E. Globalization and financial reporting in Turkey.

Publicações das Nações Unidas: "International accounting and reporting issues: 2007 review".

Ustunel, B. Presidente do Conselho de Normas Contabilísticas da Turquia, XVII. CONGRESSO MUNDIAL DE CONTABILISTAS Istambul, 13-16 de novembro de 2006 (Workshop 1.2.2 / 14.novembro 2006 Terça-feira 14.00-15.30.

Yalkin, Y.K., Demir, V., Demir. L.D. (2008), International Financial Reporting Standards (IFRS) and the Development of Financial Reporting Standards in Turkey. *Investigação em Regulamentação Contabilística*, 20, 279-294.

Young, J.J. (2006). Making up users. *Accounting, Organizations and Society*, 31, 579-600.

MIX
Papier aus verantwortungsvollen Quellen
Paper from responsible sources
FSC® C105338

Printed by Books on Demand GmbH, Norderstedt / Germany